Aprendizaje basado en proyectos: la historia estadounidense

¿REALIDAD O FICCIÓN? INVESTIGUEMOS LAS CAUSAS DE

LA GUERRA DE SECESIÓN ESTADOUNIDENSE

TAYLER COLE

TRADUCIDO POR ESTHER SARFATTI

PowerKiDS press™

NEW YORK

Published in 2019 by The Rosen Publishing Group, Inc.
29 East 21st Street, New York, NY 10010

Translator: Esther Sarfatti
Editorial Director, Spanish: Nathalie Beullens-Maoui
Editor, Spanish: María Cristina Brusca
Editor, English: Therese Shea
Book Design: Rachel Rising

Photo Credits: Cover, p. 5 Stock Montage/Archive Photos/Getty Images; Cover, pp. 1, 3, 4, 5, 6, 8, 9, 10, 11, 12, 13, 14, 15, 16, 18, 20, 22, 23, 24, 26, 28, 29, 30, 31, 32 Lyubov_Nazarova/Shutterstock.com; pp. 4, 8, 10, 14, 22, 26, 28, (insert) kontur-vid/Shutterstock.com; p. 6 Historical/ Corbis Historical/Getty Images; p. 7 f11photo/Shutterstock.com; p. 9 Everett Historical/Shutterstock.com; p. 11 Rainer Lesniewski/Shutterstock.com; pp. 12,17, 19, 21, 25 (background) Reinhold Leitner/Shutterstock.com;p. 12 https://commons.wikimedia.org/wiki/File:1837_Liberator_Cornhill_Boston.png; p. 12 https://commons.wikimedia.org/wiki/File:1831_Liberator.jpg; p. 13 https://commons.wikimedia.org/wiki/File:Robert_Edward_Lee.jpg; pp. 15, 17 (documents), 21, 25, 27 Courtesy of the Library of Congress; p. 19 https://commons.wikimedia.org/wiki/File:The_seceding_South_Carolina_delegation_(Boston_Public_Library).jpg; p. 20 https://commons.wikimedia.org/wiki/File:Confederate_%27Stars_and_Bars%27_Flag,_captured_at_Columbia,_South_Carolina_-_Wisconsin_Veterans_Museum_-_DSC02996.JPG; p. 23 https://commons.wikimedia.org/wiki/File:Abraham_Lincoln_O-55,_1861-crop.jpg; p. 29 Jose Gil/Shutterstock.com.

Cataloging-in-Publication Data

Names: Cole, Tayler.
Title: ¿Realidad o ficción? Investiguemos las causas de la guerra de Secesión estadounidense / Tayler Cole.
Description: New York : PowerKids Press, 2019. | Series: Aprendizaje basado en proyectos: la historia estadounidense | Includes glossary and index.
Identifiers: LCCN ISBN 9781538333808 (pbk.) | ISBN 9781538333792
(library bound) | ISBN 9781538333815 (6 pack)
Subjects: LCSH: United States--History--Civil War, 1861-1865--Causes--Juvenile literature.
Classification: LCC E459.C65 2019 | DDC 973.7'11--dc23

Manufactured in the United States of America

CPSIA Compliance Information: Batch #CS18PKFor further information contact Rosen Publishing, New York, New York at 1-800-237-9932.

CONTENIDO

INVESTIGUEMOS LAS CAUSAS

La guerra de Secesión estadounidense tuvo lugar de 1861 a 1865 entre Estados Unidos y los once estados sureños que dejaron la Unión para formar los Estados Confederados de América. Sigue siendo la guerra más mortífera en cuanto al número de estadounidenses que perdieron la vida.

Aunque el conflicto tuvo lugar hace más de 150 años, los estadounidenses siguen debatiendo, o discutiendo, acerca de sus causas. ¿Dieron sus vidas los soldados norteños porque estaban en contra de la esclavitud por motivos morales? ¿Los estados sureños dejaron la Unión para defender los derechos de los estados? Aunque la guerra de Secesión tuvo lugar oficialmente entre la Unión

Información de primera mano

Las fuentes primarias son escritos, obras de arte, fotografías, archivos de documentos y objetos que fueron creados por personas que vivieron durante la época que estás estudiando. Es un excelente punto de partida cuando estás investigando un acontecimiento histórico. La investigación no es solamente cuestión de estudiar lo que piensan los demás. Significa examinar los hechos y llegar a tus propias conclusiones. Las fuentes secundarias son fuentes que se crearon después de la época en cuestión. Si quieres separar la ficción de la realidad, ¿es mejor usar fuentes primarias o secundarias?

Cuando usas fuentes primarias, puedes aprender a separar la realidad de la ficción que nos ha llegado acerca de la guerra de Secesión, así como de otros eventos históricos importantes. Este libro te enseñará a hacerlo.

y la Confederación, hubo muchos puntos de vista en ambos bandos de la guerra. Mientras lees, piensa en las experiencias de cada bando, antes y después de la guerra, y en cómo sus perspectivas, o puntos de vista, pueden haber dado forma a la manera en que la historia fue documentada.

DIFERENCIAS ENTRE EL NORTE Y EL SUR

Antes de la guerra de Secesión, el Norte y el Sur ya eran lugares muy diferentes para vivir. En el Sur, la mayor parte de la gente se ganaba la vida con la agricultura. El clima cálido permitía que la temporada de cultivo fuera más larga. Algunos sureños tenían granjas grandes llamadas *plantaciones* y se hicieron ricos con **cultivos comerciales**, como el tabaco y el algodón. La mayoría de los dueños de plantaciones tenían muchos esclavos, y dependían de su mano de obra para obtener grandes ganancias. Los dueños de plantaciones empezaron a mirar hacia el oeste en busca de más tierras para aumentar sus beneficios.

Los esclavos solían vivir en viviendas de baja calidad. Compara la casa de la plantación mostrada aquí con las casas de los esclavos de Georgia que aparecen en la página 6.

La economía de los estados norteños dependía cada vez más del **comercio** y de la manufactura. Había fábricas grandes que hacían productos como papel y tela con rapidez, y a bajo precio. Muchos **inmigrantes** trabajaban en estas fábricas a cambio de salarios muy bajos. La esclavitud disminuyó gradualmente en el Norte, y muchos esclavos liberados vivían y trabajaban allí.

¿REALIDAD O FICCIÓN? TODOS LOS SUREÑOS TENÍAN ESCLAVOS

Mucha gente pone a todos los sureños blancos en el mismo saco. ¿Eran todos dueños de esclavos? Esto, sin duda, es ficción. En 1860, Estados Unidos hizo un **censo**. Los archivos históricos resultantes nos dicen que menos del 50 por ciento de los sureños tenían esclavos. En algunos estados, la cifra era menor del 25 por ciento. Y aún menos gente podía permitirse tener varios esclavos.

La opinión del pastor

Muchos representantes de la Iglesia predicaban su aprobación a la esclavitud. Usaban historias de la Biblia para apoyar sus opiniones. El pastor Samuel Dunwody de Carolina del Sur dijo: "Dios ha autorizado la práctica de la esclavitud… Por lo tanto, la esclavitud no es un mal moral". Piensa en el público de Dunwody. ¿De qué manera crees que su posición como pastor pudo haber influido en la opinión de la gente acerca de la esclavitud?

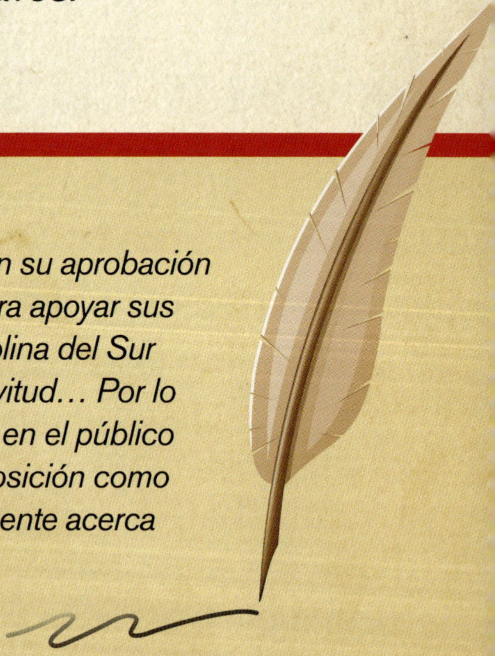

Imágenes como esta ocultan los horrores de la esclavitud. ¿Qué podría pensar alguien acerca de la esclavitud después de ver un cuadro como este? Si utilizaras este cuadro como fuente primaria, tendrías que considerar el punto de vista del artista, su intención, su pasado histórico y para quiénes fue creado.

En el Sur había una serie de reglas sociales estrictas. Los sureños pobres se sentían más cómodos con su nivel social bajo porque sabían que no eran el grupo más bajo. También solían aferrarse a la creencia de que, si trabajaban lo suficiente, podrían hacerse ricos y tener esclavos también. Al defender la práctica de la esclavitud, defendían la vida mejor que esperaban tener algún día.

¿REALIDAD O FICCIÓN? LOS ARANCELES CAUSARON LA SECESIÓN

Algunos creen que los **aranceles** elevados hicieron daño a la economía sureña, y que por esa causa los estados se separaron. Existen **documentos** históricos que demuestran que hubo una nueva ley de aranceles en 1857, gracias en gran parte a los congresistas sureños. En realidad, esta ley bajó los aranceles y ayudó a la economía. Otra ley de aranceles, que subió las tasas, se aprobó en 1861, pero los estados sureños se separaron antes de poder intentar impedir su aprobación. Entonces, si no fue por los aranceles, ¿por qué dejaron la Unión estos estados?

La explicación de Misisipi

La declaración de secesión de Misisipi, de 1861, dice: "Nuestra posición está totalmente identificada con la ***institución*** *de la esclavitud, el interés material más grande del mundo. Gracias a su trabajo, se crean los productos que constituyen los sectores más grandes y más importantes del comercio de la tierra". ¿Por qué los líderes estatales consideraban que la esclavitud era tan importante? ¿Qué temía la gente de Misisipi que pasara en caso de que se aboliera la esclavitud?*

La riqueza de los sureños estaba estrechamente ligada a la institución de la esclavitud, mientras que el Norte desarrollaba una economía industrial. El mapa de abajo muestra cuán dividido estaba el país durante la guerra de Secesión estadounidense.

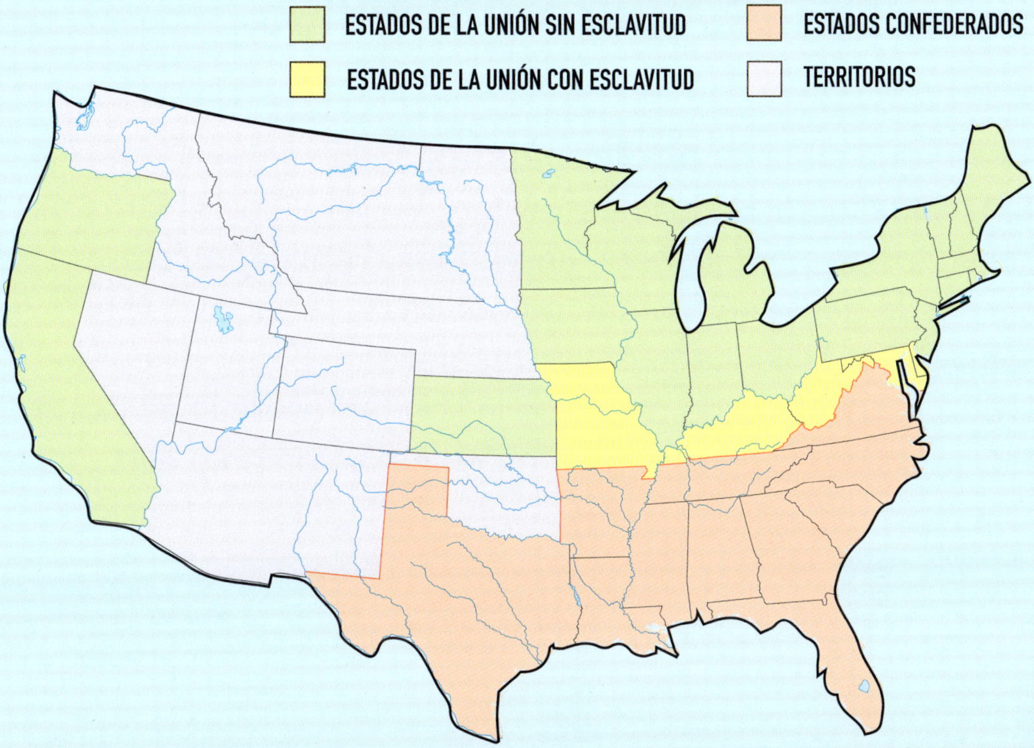

Cuando algunos de los estados se separaron, sus líderes escribieron documentos explicando por qué se iban. Ofrecían razones históricas, pero ninguno mencionó los aranceles injustos. Lo que sí decían era que la esclavitud era necesaria para su economía y la estructura de su sociedad. Temían que la Unión aboliera, o acabara, la esclavitud y destruyera la forma de vida sureña.

¿REALIDAD O FICCIÓN? LA ESCLAVITUD ERA UNA CUESTIÓN MORAL

Es cierto que muchos **abolicionistas** creían firmemente en los males morales de la esclavitud. William Lloyd Garrison era el editor de *The Liberator,* un periódico antiesclavista. Creía que la gente se pondría en contra de la esclavitud si él conseguía convencerla de su inmoralidad. En un discurso de 1854, dijo: "Cuando digo que la libertad es de Dios y que la esclavitud es del diablo, quiero decir exactamente eso".

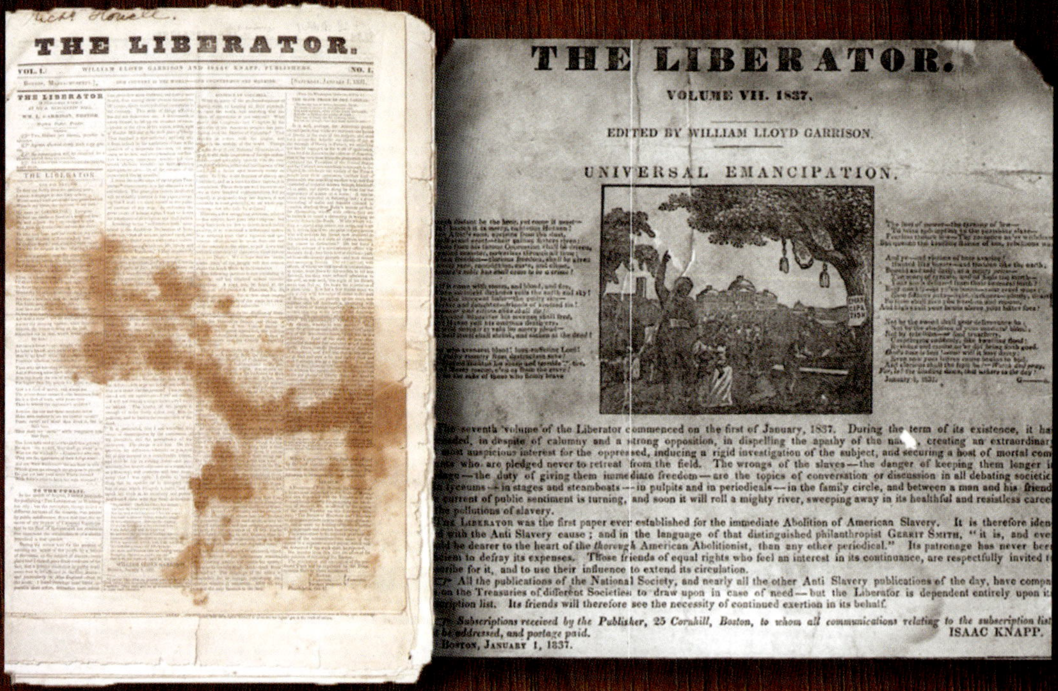
THE LIBERATOR.

THE LIBERATOR.

VOLUME VII. 1837.

EDITED BY WILLIAM LLOYD GARRISON.

UNIVERSAL EMANCIPATION.

ISAAC KNAPP.

BOSTON, JANUARY 1, 1837.

Podríamos pensar que Robert E. Lee estaba a favor de la esclavitud, ya que luchó en el bando de los confederados. Sus escritos cuentan otra historia a los investigadores. Sin embargo, Lee creía que los esclavos estaban mejor en Estados Unidos que en África, y que era preferible acabar con la esclavitud lentamente en lugar de dar la libertad inmediata a los esclavos.

Pero no es cierto que todos los norteños estuvieran de acuerdo con él. Y también es ficción que todos los sureños pensaran que la esclavitud era buena. De hecho, el futuro general confederado Robert E. Lee escribió en una carta de 1856: "Existen muy pocos, creo yo, en esta edad de ilustración, que no admitirían que la esclavitud como institución es un mal moral y político".

ACUERDOS EN EL CONGRESO

A mediados del siglo XIX, los líderes americanos estaban preocupados por la lucha de poder en el Congreso. Los líderes de los estados donde se permitía la esclavitud temían convertirse en minoría en el Congreso, y entonces perder el poder de proteger sus intereses. Según se iban añadiendo estados a la Unión, esto parecía más posible. En 1820, el Congreso aprobó el Acuerdo de Misuri para mantener un equilibrio de poder entre los congresistas norteños y sureños. Maine se agregó como estado libre y Misuri se agregó como estado esclavista. La esclavitud se prohibió en los futuros territorios o estados al norte de la frontera sur de Misuri.

Calhoun critica el acuerdo

El Acuerdo de Misuri fue el primero en el camino que llevó hacia la guerra de Secesión. Sirvió para mantener la paz durante un tiempo, pero John C. Calhoun, un legislador sureño, escribió en una carta: "El debate acerca de la cuestión de Misuri sin duda ha contribuido a debilitar en cierto modo el vínculo de nuestra gente sureña y occidental a la Unión". ¿Por qué crees que estos debates debilitaron la Unión en lugar de fortalecerla?

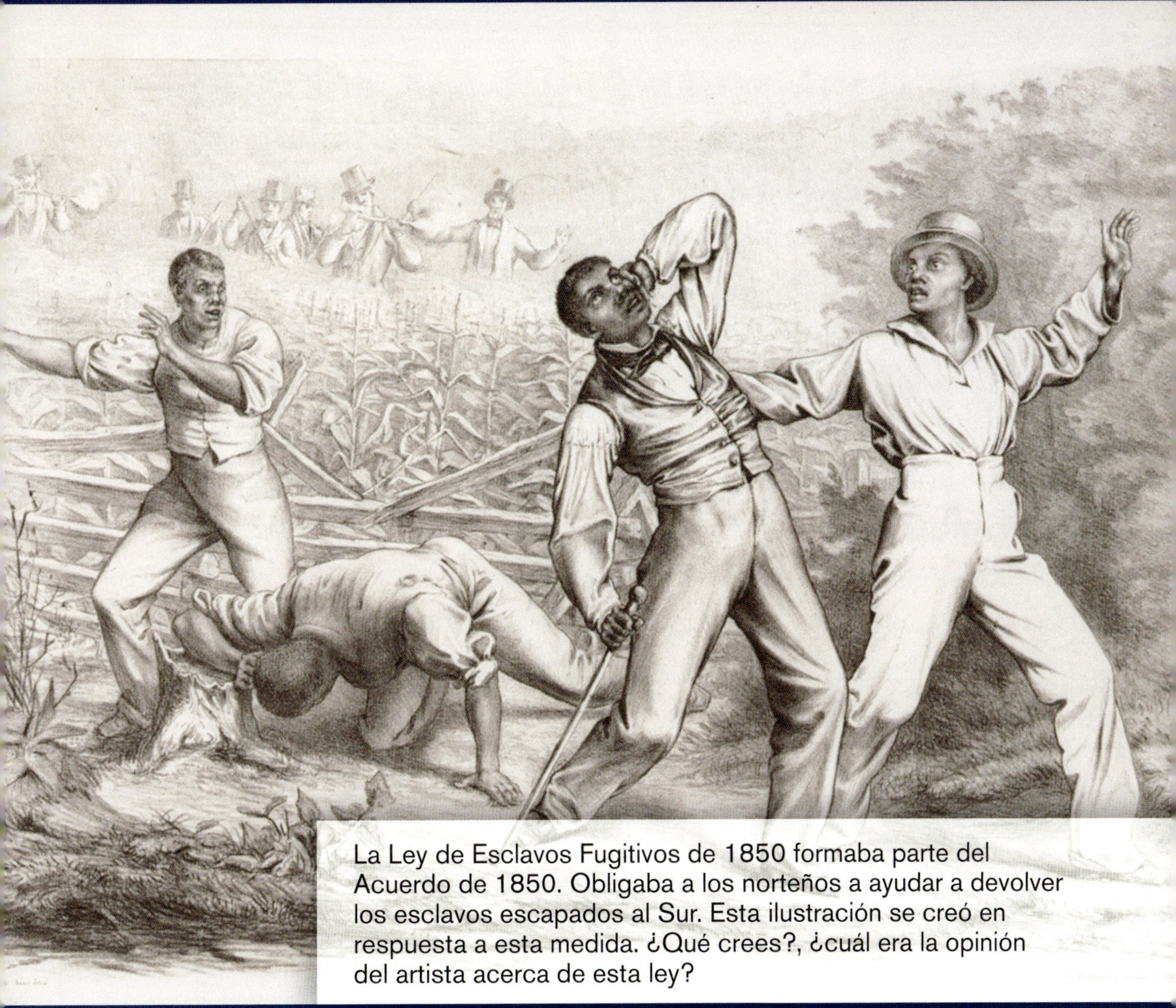

La Ley de Esclavos Fugitivos de 1850 formaba parte del Acuerdo de 1850. Obligaba a los norteños a ayudar a devolver los esclavos escapados al Sur. Esta ilustración se creó en respuesta a esta medida. ¿Qué crees?, ¿cuál era la opinión del artista acerca de esta ley?

En 1849, California pidió entrar en la Unión como estado libre. El Congreso creó el Acuerdo de 1850 en respuesta a esta adición a la Unión. California se agregó como estado libre, pero el Norte tuvo que hacer nuevas **concesiones**.

¿REALIDAD O FICCIÓN? LA SECESIÓN SE HIZO POR LOS DERECHOS DE LOS ESTADOS

El término "federalismo" se refiere al reparto de poder entre el Gobierno federal y estatal. Así es como funciona el Gobierno de Estados Unidos. La Constitución, la ley suprema del país, da ciertos poderes al presidente, al Congreso y al Tribunal Supremo. Permite a los estados otros poderes. Este sistema se creó para que los estados puedan opinar acerca de cómo se les gobierna, a la vez que trabajan juntos a través del Gobierno federal para tratar ciertas cuestiones. Para los estados era importante tener poder, ya que habían tenido muy poco cuando fueron colonias de Inglaterra.

Lo cierto es que el Sur tenía mucho poder en el Gobierno federal en los años anteriores a la guerra. Los líderes no vieron la necesidad de reclamar los derechos de sus estados hasta mediados del siglo XIX.

En 1850, los estados que luego formarían la Confederación se reunieron en Nashville, Tennessee. Entre las resoluciones que tomaron estaba la del derecho de separarse si los estados no esclavistas no cumplían con la Constitución y sus normas acerca de la esclavitud.

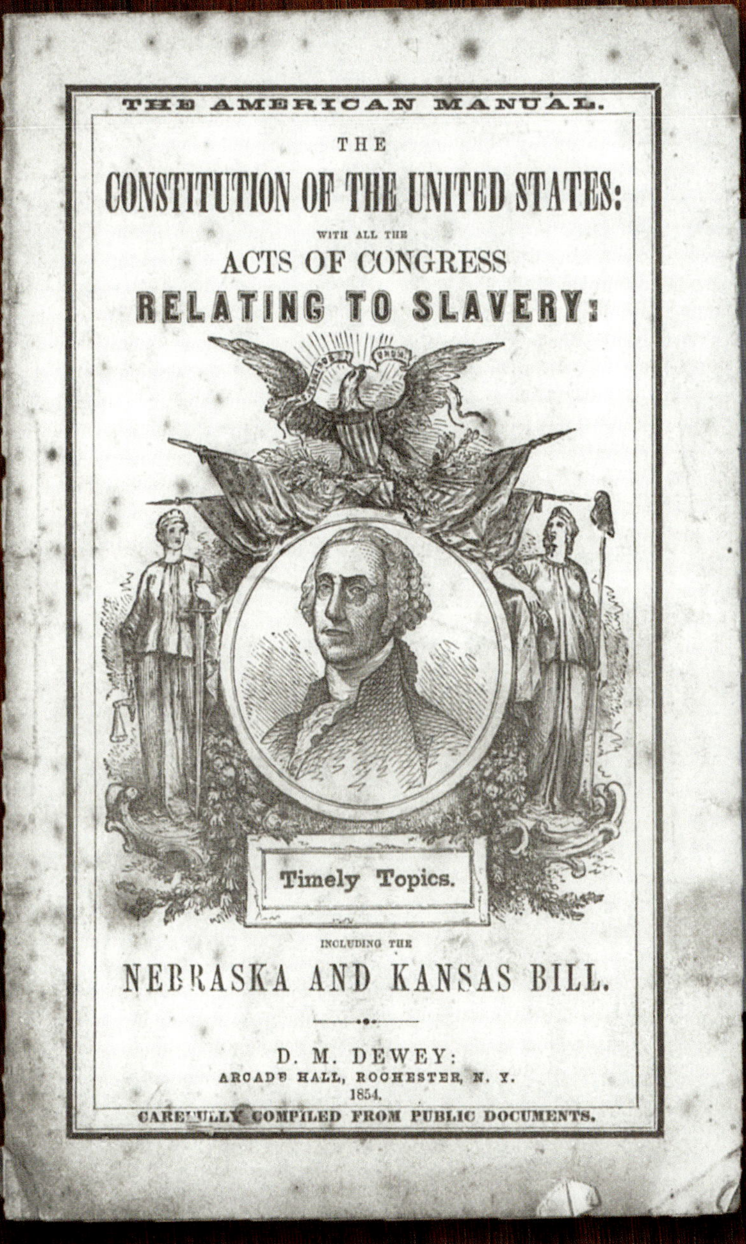

THE AMERICAN MANUAL.

THE

CONSTITUTION OF THE UNITED STATES:

WITH ALL THE

ACTS OF CONGRESS

RELATING TO SLAVERY:

Timely Topics.

INCLUDING THE

NEBRASKA AND KANSAS BILL.

D. M. DEWEY:

ARCADE HALL, ROCHESTER, N. Y.

1854.

CAREFULLY COMPILED FROM PUBLIC DOCUMENTS.

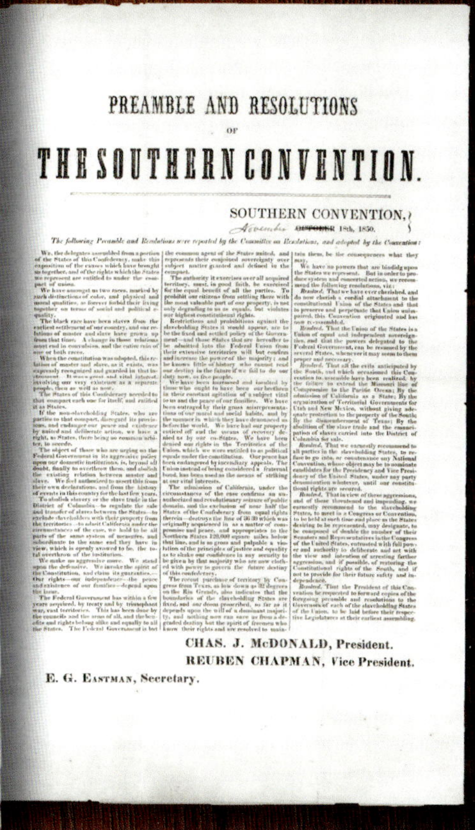

PREAMBLE AND RESOLUTIONS

OF

THE SOUTHERN CONVENTION.

SOUTHERN CONVENTION, November 18th, 1850.

CHAS. J. McDONALD, President.

REUBEN CHAPMAN, Vice President.

E. G. EASTMAN, Secretary.

¿Se separaron los estados sureños de la Unión porque no se respetaban sus derechos? En los años anteriores a la guerra de Secesión, los líderes de Carolina del Sur se quejaban de que los estados norteños no observaban la ley federal al no devolver los esclavos fugitivos a sus dueños. También les molestaba que Nueva York prohibiera que los sureños que visitaran su estado viajaran con sus esclavos.

Carolina del Sur habló de estas cuestiones en su declaración de secesión, diciendo: "Pero una creciente hostilidad de parte de los estados no esclavistas a la institución de la esclavitud ha llevado a la falta de cumplimiento con sus obligaciones [deberes]... En muchos de estos estados los fugitivos son liberados de su servicio o labores... En el estado de Nueva York, incluso el derecho de viajar de los esclavos ha sido denegado por los tribunales".

El derecho de los estados norteños a oponerse a la esclavitud no era importante para Carolina del Sur. Sin embargo, Carolina del Sur no estaba de acuerdo con que esos estados se negaran a "cumplir con sus obligaciones constitucionales".

HARPER'S WEEKLY.

A JOURNAL OF CIVILIZATION.

Vol. IV.—No. 208.] NEW YORK, SATURDAY, DECEMBER 22, 1860. [Price Five Cents.

KEITT. BOYCE. CHESNUT. M'QUEEN. ASHMORE. HAMMOND. BONHAM. MILES.

THE SECEDING SOUTH CAROLINA DELEGATION.—[Photographed by Brady.]

Mucha gente opina que los estados sureños dejaron la Unión porque temían que el Gobierno federal aboliera la esclavitud en todo el país. Según ellos, los del Sur solo querían que cada estado pudiera elegir si permitir, o no, la esclavitud. Sin embargo, los Estados Confederados de América, la nación compuesta por los estados que se separaron, negó a sus estados el derecho de elegir si querían permitir la esclavitud o abolirla. La Constitución de los Estados Confederados, adoptada el 11 de marzo de 1861, declaraba: "En todos los dichos territorios, la institución de la esclavitud de los negros, tal como existe ahora en los Estados Confederados, será reconocida y protegida por el Congreso".

La bandera confederada de "barras y estrellas"

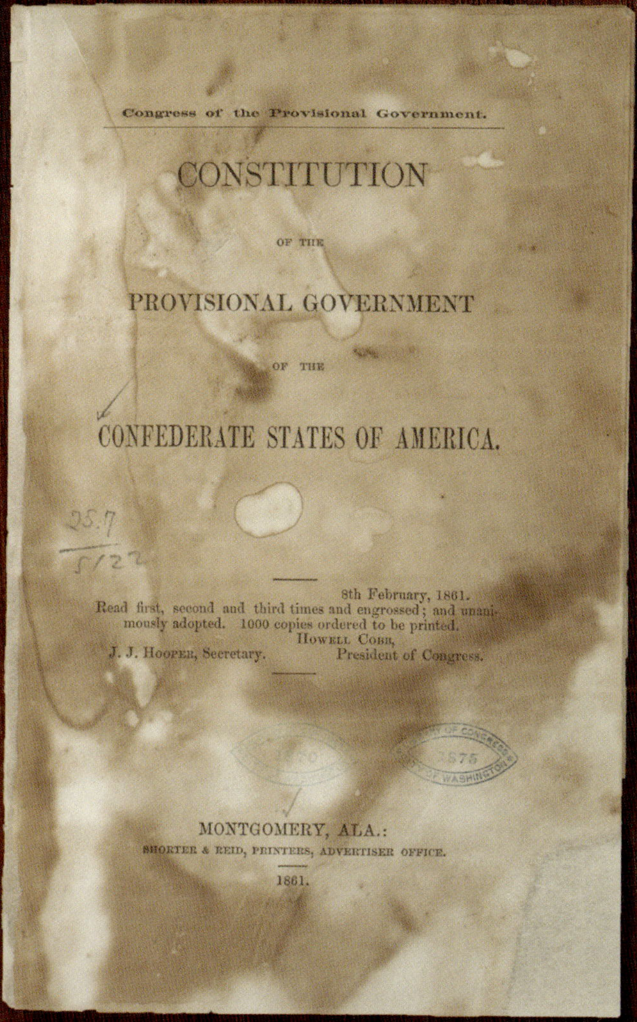
Congress of the Provisional Government.

CONSTITUTION

OF THE

PROVISIONAL GOVERNMENT

OF THE

CONFEDERATE STATES OF AMERICA.

8th February, 1861.
Read first, second and third times and engrossed; and unanimously adopted. 1000 copies ordered to be printed.

HOWELL COBB,
President of Congress.

J. J. HOOPER, Secretary.

MONTGOMERY, ALA.:
SHORTER & REID, PRINTERS, ADVERTISER OFFICE.
1861.

¿Qué podrías aprender al estudiar la Confederación y su Constitución? ¿Podría ayudarte esta investigación a entender mejor los pensamientos y objetivos de los que se separaron de la Unión?

Para la Confederación, la idea de los derechos de los estados no incluía la abolición de la esclavitud porque esta institución estaba muy **arraigada** en el estilo de vida sureño. De hecho, la esclavitud en la Confederación se reafirmó a través de su Constitución.

¿REALIDAD O FICCIÓN? LINCOLN QUERÍA ABOLIR LA ESCLAVITUD

Después de que Lincoln fuera elegido presidente en 1860, muchos sureños temieron que él aboliera la esclavitud. Lincoln no había declarado públicamente si lo haría o no. Pero sí habló con claridad acerca de algunas cuestiones. En una carta de 1861, escribió: “No estoy a favor de ningún acuerdo que ayude o permita la extensión de la institución [de la esclavitud] en el suelo de la nación”.

Temores por el futuro

Alexander Stephens dijo a los georgianos que no tenían nada que temer de Lincoln: “Él no puede hacer nada a menos que tenga el apoyo del Congreso. La Cámara de Representantes, en su mayoría, está en contra de él. En el Senado tampoco tiene poder”. El Gobierno federal de Estados Unidos consiste en el presidente, el Congreso y el Tribunal Supremo. Un sistema de controles y equilibrios impide que una sola rama del Gobierno obtenga demasiado poder. ¿Por qué crees que esta información no habría calmado los temores del Sur acerca de Lincoln?

Lincoln dejó claro en una carta que su objetivo era mantener la nación unida: “Mi opinión es que ningún estado puede, de una manera legal, salir de la Unión sin el consentimiento de los demás; y que es el deber del presidente, y otros funcionarios del Gobierno, hacer que la máquina funcione tal como es”.

Sin embargo, aunque dijo que creía que la esclavitud era mala, no dio ninguna indicación de que trabajaría para eliminarla en el Sur.

Lincoln escribió a Alexander Stephens, amigo suyo y representante de Georgia: “¿Es cierto que la gente del Sur teme que una administración republicana interfiera, directa o indirectamente, con sus esclavos? Si es así, quisiera asegurarle que… no hay motivo para tales temores”.

SECESIÓN EN EL SUR

El 20 de diciembre de 1860, Carolina del Sur se separó de la Unión. En los meses siguientes, se separaron diez estados más. Sin embargo, aún no existía ninguna amenaza real a la esclavitud. Antes de la **inauguración** de la presidencia de Lincoln, un senador propuso una enmienda a la Constitución que prometía que el Gobierno federal no podría abolir la esclavitud en ningún momento. Pero esta enmienda no fue ratificada, o aprobada, por suficientes estados. En parte, esto ocurrió porque muchos estados sureños ya se habían separado.

No fue sino hasta abril de 1861, cuando la Confederación ocupó un fuerte federal en Carolina del Sur, que Lincoln envió fuerzas federales. Aun así, su objetivo era simplemente mantener el país unido. En 1862, escribió a Horace Greeley del *New-York Tribune*: "Si pudiera salvar la Unión sin liberar un solo esclavo, lo haría; y si lo pudiera hacer liberando a todos los esclavos, lo haría".

El 12 de abril de 1861, las fuerzas confederadas abrieron fuego en el fuerte Sumter. Al día siguiente, el mayor Robert Anderson entregó el fuerte.

Charleston Harbor
S.C.
Bombardment of Fort Sumter
Wappo Creek
Salt marsh
Stono River
Ashley River
Charleston
Depot
Cooper River
Hog Isld
Mount Pleasant
Pleasantville
Castle Pinckney
Shute's Folly Isd
Beacon
Rifle gun Battery
Upper Battery
James Island
Charleston Harbor
Iron clad Floating Battery
Point Pleasant
Battery No 1
Mortar Battery No 2
Oblique Battery
Sullivan's Island
Fort Moultrie
Ship Channel
Wharf
Lower Battery
Ft Johnson
Fort Sumter
Sumter Battery
Battery Beauregard
Enfilade Battery
Mechanics Ville
Sand
Dahlgren Battery
Beauregard Battery
line of fire
Marsh
Vincent's Creek
Rifled Cannon Battery
Trapier's Battery
Steven's Battery
1600 yds
Point Battery Gregg
Cummings
Battery Wagner
Morris Island
Cummings Point
Maffit's Channel
Lighthouse Inlet
Sand Bar
Charleston Bar
U.S. Steamer Baltic and Supply fleet
Atlantic Ocean

PREJUICIOS HISTÓRICOS

La historia se crea al **analizar** huellas del pasado, como documentos escritos, objetos y relatos orales. Esto puede llevar a desacuerdos, ya que cada historiador puede entender estas fuentes de manera diferente. Los documentos y otras fuentes también pueden contener prejuicios. Además, los que ganan las guerras y los que están en el poder suelen ser los que escriben la historia. Todo esto significa que la historia no siempre se basa en los hechos.

Aplica estos conocimientos a la guerra de Secesión. ¿Quién fue el ganador y cómo quiso que la historia lo recordara? ¿Influyeron sobre los relatos históricos los perdedores de la guerra? ¿Crees que hay acontecimientos más recientes que podrían cambiar o dar nueva forma a la manera en que se ve la historia?

Vete a la biblioteca

La Biblioteca del Congreso es la biblioteca más grande del mundo. Depende del Gobierno federal. La biblioteca organiza fuentes primarias y secundarias de todo el mundo. Puedes visitar www.loc.gov para obtener más información. Los estados y universidades también recogen fuentes y las comparten con el público. ¿Por qué crees que estos lugares son fuentes fiables para tu investigación? ¿Crees que estas colecciones de información podrían ser ***parciales****?*

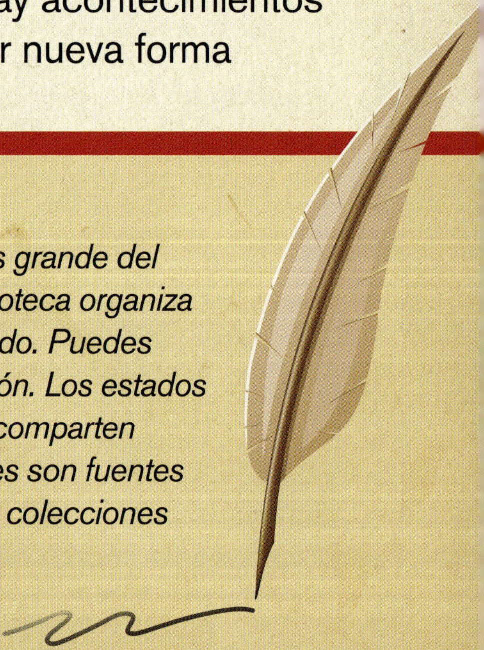

El último ejército confederado importante se rindió a la Unión en Appomattox Courthouse, en Virginia, el 9 de abril de 1865. Unos 620,000 soldados murieron durante la guerra de Secesión estadounidense.

PUNTOS DE VISTA DIFERENTES

En 2010, un grupo organizó un baile en Charleston, Carolina del Sur, para celebrar el 150 aniversario de la secesión de ese estado. Unas 300 personas se unieron a la fiesta. Muchas de ellas eran descendientes de soldados confederados, y la mayoría estaba de acuerdo en que la secesión no tuvo nada que ver con la esclavitud.

"Para nosotros la secesión no es una cuestión racial", dijo Michael Givens, un miembro del grupo Hijos de Veteranos Confederados. "No celebramos la esclavitud, celebramos la valentía... de la gente que estaba decidida a salir a defender sus hogares".

¿Qué pasaría si...?

"¿Qué pasaría si los estadounidenses de origen japonés decidieran hacer un baile para celebrar Pearl Harbor?", preguntó el reverendo Nelson Rivers, uno de los que protestaron por el baile en Carolina del Sur. En 1941, Japón bombardeó Pearl Harbor en Hawái, lo cual llevó a Estados Unidos a participar en la Segunda Guerra Mundial. ¿Qué quería decir Rivers con su pregunta? ¿Sería similar o diferente el baile de Carolina del Sur a una celebración del bombardeo de Pearl Harbor?

¿Cómo crees que la **herencia cultural** de una persona afecta a su opinión de la guerra de Secesión y de la vida en el Sur a mediados del siglo XIX?

Fuera del lugar donde se celebró el evento, unas 150 personas protestaron. Algunas de ellas eran descendientes de esclavos. ¿Por qué crees que estas personas estaban molestas por la celebración?

RECORDANDO LA GUERRA DE SECESIÓN

La historia se puede reescribir con el tiempo. A veces se encuentra nueva información o los historiadores escriben sobre los acontecimientos desde una nueva perspectiva. Que haya nuevos datos y múltiples puntos de vista es bueno, pero a veces cambia la forma en que se ve la historia.

La gente a menudo crea monumentos después de una guerra para presentar sus respetos a los que lucharon. Después de la guerra de Secesión, se crearon más de 700 monumentos confederados. La mayoría no se construyó hasta años, a veces muchos años, después. En nuestros tiempos, estos monumentos pueden molestar a la gente que cree que glorifican la esclavitud y a quienes la apoyaban. Estas personas quieren que los monumentos se quiten. Otra gente no está de acuerdo. Investiga uno de estos monumentos **controvertidos**. Trata de averiguar cuándo, por qué y por quién se construyó. Utiliza esta información para decidir con qué lado estás de acuerdo.

GLOSARIO

abolicionista: persona que quiere acabar con la esclavitud.

analizar: estudiar algo con mucha atención y cuidado.

arancel: impuesto sobre productos que entran o salen de un país.

arraigado: que ha echado raíces.

censo: proceso oficial de contar las personas de un país, ciudad o pueblo y reunir información acerca de ellas.

comercio: actividad de comprar y vender productos y servicios a gran escala.

concesión: el hecho de ceder, o dar, algo que se desea a otra persona o grupo para poder llegar a un acuerdo.

controvertido: que suele dar lugar a desacuerdos.

cultivo comercial: cultivo que se produce por su valor comercial.

documento: escrito formal.

herencia cultural: las tradiciones y creencias que forman parte de la historia de un grupo o una nación.

inauguración: dar principio a una cosa con cierta solemnidad.

inmigrante: persona que llega a un país para vivir en él.

institución: costumbre, práctica o ley que está aceptada y es usada por mucha gente.

parcial: que juzga con prejuicio o desde un punto de vista injusto, a favor o en contra de algo.

ÍNDICE

SITIOS DE INTERNET

Debido a la naturaleza cambiante de los enlaces de internet, PowerKids Press ha elaborado una lista de sitios de internet relacionados con el tema de este libro. Este sitio se actualiza de forma regular. Por favor, utiliza este enlace para acceder a la lista:
www.powerkidslinks.com/pltam/fact